# Le Husky

François Kiesgen de Richter

Photo : licence fotolia



ISBN-13 : 978-1534612150

ISBN-10 : 1534612157

Je tiens particulièrement à remercier Didier Batsch éducateur professionnel à Chateau-Renard.

J'ai une pensée émue pour Dominique et Yann Lesourd éducateurs professionnels à Meaux.

# SOMMAIRE

# PRÉSENTATION

Le Husky est d'un tempérament gentil et doux, éveillé et sociable, mais il peut devenir sans une éducation pointue un chien fugueur. Il n'est pas possessif et ne fait pas preuve de méfiance envers les étrangers ou les autres chiens. C'est un chien qui aime beaucoup les enfants, mais vous resterez vigilants, il ne faut jamais laisser un chien seul avec un enfant. Évidemment c'est un grand sportif.

Compte tenu de sa tendance à fuguer et à sa manie d'accueillir tout le monde, il faudra une éducation pointue et précise. Comme c'est un chien intelligent, il n'y aura aucun problème.

Il aboie rarement, mais tend à hurler s'il y a une alerte. Il combine force, intelligence et endurance. Un sport canin ou il pourra courir le rendra heureux, même s'il n'est pas aussi rapides que ses cousins de Sibérie.

C'est un compagnon fidèle et digne de confiance mais

réservé à un propriétaire averti. Il faut éviter de le choisir comme premier chien.

Très joyeux et jovial avec tout le monde, il ne connaît pas le sens du mot agressivité. Il est très affectueux avec son maître, mais il est aussi très indépendant et doit être éduqué dès son plus jeune âge (absolument avant six mois).

En France, il est assez souvent utilisé dans les compétitions de traîneau (sled-dog).

Ce chien est le compagnon idéal pour tous ceux qui aiment les races primitives les plus proches du « loup » possible. Il est absolument sans danger parce qu'il se lie d'amitié avec tout le monde. Pour l'utiliser comme chien de garde, il faudra du temps et une éducation spécifique, parfois sans garantie de résultat. Toutefois, il prévient très bien et il est impressionnant. C'est un chien très indépendant, et il peut s'avérer être un très gros prédateur. Il est à éviter si vous avez un beau volailler, ou un élevage de lapins. Il faudra donc être averti et bien connaître la race.

Ce chien mue deux fois par an., mais le toilettage est proscrit dans le standard de la race : il est seulement permis d'égaliser les moustaches et le poil qui pousse autour du pied et entre les doigts. Des bains trimestriels seront nécessaires pour nettoyer complètement le manteau à base de shampoing Bio.

Si vous n'êtes pas une personne active sachez qu'un chien de traîneau exige beaucoup d'exercice et cinq kilomètres par jour seront le minimum en plus d'une activité de sport canin. L'Agility le Flyball, le Canicross, la discipline de Campagne ou de Pistage, lui conviendront. C'est un chien intelligent et qui adore être en club avec d'autres chiens.

Les climats froids sont évidemment le préféré par cette race. Néanmoins elle s'adapte fort bien au climat continental. Toutefois il faudra lui éviter les très fortes chaleurs.

L'objectif de l'éducation d'un Husky est que vous soyez son leader. Il a un instinct naturel à vouloir être le chef. Les règles devront être définies. Un Husky adolescent manifestera son mécontentement en grognant et en voulant vous mordre, donc prenez le dessus. Le maître prend les décisions, et non pas le Husky.

# ÉTIOLOGIE

Connaître l'étiologie est une démarche indispensable qui vous évitera bien des déboires en termes de compréhension du comportement du chien.

Le chien est avant tout un animal avec des comportements issus de son parcours génétique, il a des besoins spécifiques.

La domestication du chien est intervenue longtemps avant celle de toutes les autres espèces domestiques actuelles. Elle précède de plusieurs dizaines de milliers d'années la sédentarisation et l'apparition des premières fermes agricoles.

Les chiens sont issus du Loup gris (Canis lupus) domestiqué à plusieurs endroits du monde.

L'identité exacte de l'ancêtre du chien a longtemps été un mystère. Des scientifiques subodoraient que les chiens provenaient d'un croisement entre des loups et des chacals.

Les progrès récents ont finalement permis d'établir que le chien est plus proche génétiquement des sous-espèces actuelles de Canis lupus (Loup gris) avec lequel il partage 99,9 % de son ADN.

En 1997, une comparaison de génome sur 300 échantillons appartenant à la lignée des chiens domestiques actuels et à la lignée des Loups gris a montré, que ces lignées s'étaient séparées il y a 35 000 ans.

La découverte d'une lignée de loup aujourd'hui éteinte : le loup Taïmyra est à l'origine de la divergence entre le loup et le chien. Il y a 27 000 ans la séparation devint totale.

La relation entre humains et canidés sauvages est très ancienne. Des restes de loups ont été retrouvés en association avec ceux d'hommes il y a 400 000 ans.

Les chasseurs-cueilleurs et les loups avaient plusieurs points communs : ils appartenaient à des espèces sociables, ils partageaient le même habitat et ils se nourrissaient des mêmes proies. C'est beaucoup plus tard avec l'apparition de l'accélération de la sédentarisation et l'élevage d'ovins que des tensions sont apparues entre l'homme et le loup.

Des études ont montré que les louveteaux capturés tout jeunes et élevés par des hommes s'apprivoisaient et se socialisaient facilement, d'autant plus qu'ils dépendaient de leurs maîtres pour leur alimentation.

Cela n'explique toutefois pas leur domestication, puisque ces louveteaux demeuraient des loups. Pour cela l'homme fit s'accoupler les loups domestiqués et commença à en faire un élevage sélectif.

Ainsi naquit le Canis Lupus Familiaris, autrement dit le nom scientifique de votre chien. Et ce quelle que soit sa race.

En sélectionnant les chiens et en les croisant en fonction de leurs aptitudes et de leurs physiques : le plus petit avec le plus petit, celui court sur pattes avec son semblable, le museau le plus plat avec un autre museau plus plat, le plus rapide avec le plus rapide, le plus agile avec le plus agile, les poils longs avec les poils longs…

Il est extrêmement important de savoir que tous les ascendants de nos amis chiens ont commencé leur existence par une évolution commune même si ce fut en combinant des caractéristiques précises.

Pourquoi est-ce important de comprendre le parcours génétique du chien ? Le Canis Lupus (le loup) est le Canis Lupus familiaris (le chien) ont des comportements de base identiques. Les aspects instinctifs de nos chiens sont identiques à ceux du loup. La connaissance de ses besoins et de ses instincts est primordiale pour comprendre votre chien.

Il existe plusieurs types de chiens Husky, dont le plus

connu le plus répandu et le plus connu est le Husky d'Alaska.

Le Husky Labrador est un chien spitz qui a été élevé pour le travail de chien de traîneau, la race est originaire du Canada, de la province canadienne de Terre-Neuve. Labrador est la partie nord et la partie continentale de la province. La race est probablement arrivée dans la région avec le peuple inuit qui est venu au Canada vers 1 300. Ce chien est très peu connu, et il n'y a pas de clubs de race qui le reconnaisse actuellement. Ils conservent des caractéristiques physiques proches du loup-like.

Le Husky de Sibérie est un mélange de Malamute d'Alaska et de Berger Allemand, cela a créé un grand chien de traîneau moins ressemblant au loup-like que le Husky Labrador.

Le Husky d'Alaska vient de l'État Américain d'Alaska. Des chiens de type Husky Sibérien et Husky de Sakhaline ont été croisés avec des Américains Indians Dogs, puis avec des lévriers, des pointers anglais, des setters anglais, des braques pour rendre le chien plus apte à la course. Son histoire, comme celle de beaucoup de chiens d'attelage, remonte aux ruées vers l'or de la fin du XIXe siècle. Les mineurs de cette époque utilisaient des traîneaux tirés par de gros chiens comme les Saint-bernards. L'arrivée en Alaska de chiens originaires de Sibérie comme le Husky changea leurs habitudes. Les attelages se composèrent du Husky, plus petit et plus rapide. L'apparition des transports motorisés au cours du XXe siècle rendit les chiens d'attelage moins utiles, et donc moins nombreux. Mais les chiens de traîneau Husky d'Alaska firent leur retour dans les années 1970, en particulier grâce à Georges Attla, un Alaskan du village de Huslia. L'Alaskan Husky, le Husky d'Alaska ou simplement l'Alaskan, désigne le même chien. L'Alaskan Husky est le chien le plus fréquent dans les compétitions de chiens d'attelage au niveau mondial. Aucun chien de race ne rivalise avec ce chien au niveau de la vitesse. Sa vitesse peut aller jusqu'à 31 km/h sur trois jours. De nos jours les experts ont spécialisé le Husky. On trouve L'Alaskan Husky de « charge », L'Alaskan Husky de « sprint », et L'Alaskan Husky « de distance ».

Le Husky de Sibérie est le chien que nous connaissons en France. Son origine est nordique, il est un croisement de Huskys d'Alaska et de Husky Labrador, il s'agit d'un chien élevé par la tribu Esquimau de Choukchis qui l'utilisait pour tirer les traîneaux. L'élevage sélectif de la race a commencé aux États-Unis grâce à Eva Seeley que l'on peut considérer comme la « mère » de cette race et de celle du Malamute de l'Alaska. Il est le plus populaire des Huskys.

# CHOISIR UN HUSKY

Le rôle historique du chien a été incontestablement celui de conducteur de troupeaux ou d'assistant de chasse. Son utilité d'origine a disparu peu à peu au profit d'emploi comme animal de compagnie. La fonction première attendue, d'un Husky en dehors du milieu professionnel, sera d'être le chien de la famille, le compagnon de tous les jours. Il faudra avoir un style de vie dynamique. Le Husky demande à courir, sauter, jouer, et travailler.

Il sera très important d'éduquer votre chien en fonction de votre personnalité et de votre mode de vie, et non en fonction des seuls critères physiques ou de mode. C'est la seule façon d'avoir un chien dont les relations avec vous seront équilibrées et harmonieuses et qui sera heureux à votre contact.

Les coups de foudre conduisent parfois à l'achat d'un chiot qui, devenu adulte, ne correspond pas du tout au maître ou à ce que celui-ci attend du chien. La vie avec le chien ne sera plus qu'un ensemble de contraintes que le maître essaiera de gérer au mieux. Et le plus malheureux sera que le maître abandonne son chien, ce qui est le plus commode, le chien ne pouvant pas abandonner son maître.

En fonction de votre mode de vie (habitat, temps de travail et disponibilité pour votre chien, finances, mode de vacances…), vous pouvez éduquer votre Husky.

La raison doit avant tout primer. Être heureux avec son chien, c'est donc, avant tout, l'éduquer et lui consacrer du temps. Pour cela, il faut se connaître parfaitement et connaître parfaitement son chien.

Si vous travaillez toute la journée et disposez de peu de temps, ne choisissez pas un Husky qui réclame la présence d'un maître. Il n'est pas fait pour attendre des heures à ne rien faire.

Si vous avez des enfants en bas âge, faites une éducation pointue à votre Husky, et surtout surveillez en permanence.

Les chiens de race coûtent cher à l'achat, et tous les chiens coûtent cher à l'entretien, cet aspect doit être également pris en considération.

Il ne faut pas choisir de Husky en provenance de Chine. Vous trouverez des chiens croisés avec du Labrador Husky, ce qui est normal, mais avec quel autre chien ?

Comment savoir ?

Pour un Husky d'Alaska je vous conseille de contacter un élevage de cette race qui est réputé comme Cathie Duval & Christian Duchesne 740 route 155 nord, La Bostonnais, La Tuque (Québec) G9X 3N6 Téléphone : (819) 676-3 069 Cellulaire : (819) 676-9 624.

Le Husky Sibérien est le celui que vous trouverez en France. Vous pouvez visiter le Siberian Husky de France qui est le club de race officiel rattaché à la Société Centrale Canine. Pour les passionnés avertis, vous pouvez visiter le site officiel de la race Husky aux USA, c'est ici qu'a été fixé le standard de la race.

# LES SIGNES D'APAISEMENT

Les signaux d'apaisement sont les canaux utilisés par le chien pour communiquer.

Le bâillement est l'un des signaux d'apaisement les plus courants et les plus fréquemment utilisés par le chien. Le chien baille avant tout pour se calmer lui-même. Il s'agit donc plus d'un signe d'auto apaisement, voire de relaxation. Bâiller permet au chien de se détendre.

Tourner la tête légèrement de côté quand vous le fixez dans les yeux, signale qu'il ne veut pas de confrontation. Le fait de fixer dans les yeux est interprété comme un défi par les animaux. Attention si le chien lors d'un reproche ne prend pas cette attitude cela voudra dire qu'il vous fait face.

Se lécher les babines, est un signal utilisé fréquemment dans des situations tendues, par le chien qui veut vous faire face. Vous devez baisser la voix, prolonger votre regard au loin, et contourner le chien. Ensuite vous montrerez au chien que le maître c'est vous avec un « Non » sec, voir une punition.

Le reniflement de la terre est souvent observé lors de la rencontre entre deux ou plusieurs chiens, ou à l'approche d'un congénère. Également dans les endroits bruyants ou encore devant des objets inconnus. Ce signal appelle surtout à ne rien faire, ou plutôt à faire comme si rien n'était.

Uriner volontairement en se détournant. Nous prenons souvent ce comportement comme un marquage alors que le chien tente de vous apaiser et de s'apaiser lui-même. Il ne faut pas le punir pour cela. Si ce comportement est associé à un détour alors le chien à peur.

Se gratter, se secouer mécaniquement en détournant la tête. Dans une situation qui le met mal à l'aise, le chien vit une situation à laquelle il doit s'adapter. Il est très probable qu'à l'approche d'une personne inconnue ou stressante de par sa posture physique, le chien se retourne et se gratte, ou se secoue juste après le premier contact. Cela sert à son propre apaisement ou à l'apaisement des vis-à-vis. Attention si le chien n'enchaîne pas c'est qu'il va faire face.

Marcher lentement est un signal typique. Le chien fait cela lorsque vous l'attachez, et à chaque fois que vous le rappelez. C'est une position qui indique qu'il n'aime pas quelque chose et il vous le reproche. Il n'y a aucune agressivité dans ce signal.

Se déplacer au ralenti à pour but de calmer quelqu'un. Le chien le fait souvent en détournant le regard ou en levant la patte, avec un air mal à l'aise. L'homme interprète souvent mal cette attitude et s'énerve encore plus car le chien traîne. Plus nous allons appeler le chien de façon insistante, voire énervée ou agressive et plus il va ralentir. Il y a lieu de porter une attention toute particulière à cette attitude. Le chien demande de l'aide, soit il est fatigué soit il a mal, et il vous le montre de cette manière. Il pourra arriver en faisant un (des) détour(s).

Si lorsqu'il est en laisse votre chien souhaite faire un détour à l'approche de quelque chose d'inquiétant pour lui, laissez le faire. Les chiens ne s'approchent jamais des étrangers de face, cela est considéré comme une menace dans leur langage. Faire un détour face à un congénère ou un humain, permet au chien de montrer qu'il n'a aucune mauvaise intention. Attention de lire ce code car en son absence cela indique que le chien souhaite l'affrontement.

Si votre chien s'assied systématiquement lorsque vous lui demandez de vous obéir, il faut impérativement prendre un ton moins menaçant pour interrompre clairement l'agression, le stress ou la peur et entreprendre un travail de resocialisation.

Le chien tourne le dos à une personne ou se cache derrière son maître. Le chien à peur, il faut impérativement entreprendre un travail de resocialisation et d'exposition aux situations de stress.

Si le chien se roule sur le dos en exposant son ventre et sa gorge et qu'il a les oreilles couchées en arrière, la tête sur le côté, les yeux à moitié fermés, le front lisse, ainsi que la queue ramenée sur le ventre, il s'agit d'une attitude de soumission absolue. Si le sternum est à terre et les fesses en l'air alors c'est une attitude de demande de jeux.

Pour avoir une communication avec leur entourage direct, les chiens ont un langage essentiellement corporel, à travers lequel ils utilisent des postures du corps entier, les oreilles, la queue, la tête, le regard et les mimiques faciales. En additionnant et combinant les signes avec lesdites parties de leur corps, ils vont demander un contact social, faire un appel au jeu, reconnaître un supérieur hiérarchique ou encore menacer.

Malheureusement, la plupart des maîtres interprètent souvent à tort le langage corporel du chien et le comparent aux attitudes humaines.

Le fait de pouvoir décoder correctement les messages évitera les incompréhensions. Apprendre à comprendre le langage de votre chien entraîne des qualités tout à fait nouvelles et des plaisirs insoupçonnés dans votre relation avec votre chien.

Il est très important de toujours garder à l'esprit qu'il s'agit d'une interprétation de leur langage, et qu'en aucun cas, on ne peut être convaincu de l'exactitude des déductions. L'humilité et le respect sont donc de mise, avant de tirer des conclusions trop hâtives.

Enfin sachez que le chien qui émet des signaux de communication et qui n'est pas compris, ne se sentira pas en sécurité et cela pourra l'amener à son dernier recours, à savoir une réaction directe défensive pour se protéger (morsure) ou une réaction indirecte comme détruire ou uriner volontairement sur vos affaires.

Si nous maîtrisions mieux le langage canin, nous pouvons éviter des situations stressantes, voire dangereuses et anticiper des réactions de défense ou des comportements inappropriés.

# CHOISIR SON CHIOT

Un chien vous engage pour une période variant de 10 à 15 ans, aussi ne faut-il pas prendre cette décision à la légère.

Il faut en premier lieu bien choisir la race qui conviendra à votre façon de vivre. Tenez compte entre autres de votre emploi du temps, de votre cercle familial, de votre mode de logement et de votre environnement de vie.

Soyez ensuite conscients qu'un chien est un être à part entière, avec son patrimoine génétique. Chaque race à des qualités et des défauts.

Maintenant vous connaissez le Husky avec ses instincts, ses particularités physiologiques, physiques et intellectuelles. Le comprendre, c'est la meilleure façon de l'aider à s'adapter à son nouvel environnement.

Je vais faire des grincheux, mais un Husky ne s’achète

pas en animalerie, et surtout pas chez un particulier qui aurait de magnifiques chiots sans LOF.

Le LOF c'est la garantie que la famille de votre chien respectait des critères génétiques, de caractères et physiques.

Un chien dominant cela n'existe pas. Le chien réagit à un phénomène de meute, il ne sera jamais dominant ou soumis, il évoluera dans une palette de comportements en fonction du contexte. Par contre un chien peut avoir plus ou moins de caractère et c'est très différent car l'éducation jouera alors pleinement son rôle. Un Husky doit avoir du caractère.

Vous devez visiter le site du Club de la race, s'il y a une portée elle sera annoncée sur le site. Vous devrez visiter l'élevage, il ne faudra pas décider avant, et surtout pas par téléphone. Vous téléphonerez pour prendre rendez-vous pour une visite.

Lors de la première visite de l'élevage, faites confiance à votre instinct, soyez observateurs, questionnez l'éleveur. Avec ce livre vous saurez déjà beaucoup de choses. Vous allez vivre quatorze ans, avec votre compagnon. Voyons, c'est sérieux. C'est très intime. Vos enfants joueront avec votre chien. C'est essentiel que votre chien soit sociable.

Pour choisir votre chiot il y a le test élaboré par le

psychologue William Campbell à la fin des années soixante, qui a été créé pour prévoir les tendances comportementales des chiots soumis à l'attraction, aux ordres et à la domination (physique et sociale) de l'homme. Son but est d'aider un acquéreur potentiel à choisir, à l'intérieur d'une portée, le sujet le plus adapté au milieu et à la famille dans lesquels il est appelé à vivre.

Le test de Campbell est très utile si l'on n'attend pas d'autres résultats que ceux prévus à l'origine par ce test : ce n'est ni un test d'intelligence ni un test d'aptitude, et l'on ne peut donc pas considérer qu'il va nous fournir des indications allant dans ce sens.

Dans quelques cas seulement, avec des races au caractère très particulier – comme le Chow-Chow –, le test de Campbell ne donne pas de résultats fiables.

Le test se fait entre quarante à cinquante jours, il dure une demi-heure. Il se réalise dans un lieu isolé, tranquille, n'offrant aucune distraction, et clos. Il doit y avoir une entrée parfaitement identifiable. Il est indispensable que ce lieu, situé à l'extérieur ou à l'intérieur, soit absolument inconnu du chiot.

Le futur propriétaire du chiot doit demander à exécuter lui-même le test. Si l'éleveur vous dit qu'il a déjà soumis la portée au test, demandez-lui gentiment l'autorisation de le refaire vous-même. S'il refuse, à vous de juger l'éleveur.

Sûrement sa notoriété est surfaite. Méfiez-vous des éleveurs qui refusent, ce n'est pas eux qui payent les pots cassés à la SPA.

Vous prenez vous-même le chiot que vous envisagez et vous le conduisez dans la zone choisie pour le test. Cette zone est évidemment convenue avec l'éleveur.

Vous ne devez pas parler au chiot, ni l'encourager, ni le caresser. Si le chiot fait ses besoins pendant le test, ignorez la chose et ne nettoyez l'endroit que quand le chiot sera parti.

Attraction sociale : Posez délicatement le chiot au centre de la zone de test et éloignez-vous de quelques mètres dans la direction opposée à celle de l'entrée. Accroupissez-vous ou asseyez-vous en tailleur et tapez doucement dans vos mains pour attirer le chiot. Le chiot doit vous rejoindre.

Aptitude à suivre : Partez d'un point situé à proximité du chiot et, éloignez-vous du chiot en marchant normalement. Le chiot doit vous suivre tout de suite.

Réponse à la contrainte : Accroupissez-vous, retournez délicatement le chiot sur le dos et maintenez-le dans cette position pendant 30 secondes environ en laissant votre main sur sa poitrine. Le chien doit se rebeller puis se calmer et vous lécher.

Dominance sociale : Baissez-vous et caressez

doucement le chiot en partant de la tête et en continuant par le cou et le dos. Le chiot doit se retourner et vous lécher les mains.

Dominance par élévation : Prenez le chiot sous le ventre en croisant vos doigts, les paumes des mains vers le haut. Soulevez-le légèrement du sol et maintenez-le ainsi pendant 30 secondes environ. Le chiot doit se rebeller puis se calmer et vous lécher les mains.

Les réponses, que je donne sont les meilleures réponses du chiot.

Certains chiots ont tendance à réagir d'une façon dominante et agressive et tentent de mordre. Ils ne conviennent pas à des enfants ou à des personnes âgées et sont à réserver à des maîtres avertis. Il aura besoin d'une socialisation pointue et d'un maître très présent au quotidien et il faudra impérativement prévoir un sport canin.

Certains chiots ont tendance à se distinguer, sans toutefois atteindre des excès donc sans tenter de mordre. Une éducation douce et cohérente sera suffisante. Ils ne sont pas recommandés dans les familles où vivent des enfants en bas âge ou d'autres chiens du même sexe.

Certains chiots, sont extrêmement soumis, ils ne se rebellent pas. Ils cohabiteront difficilement avec des enfants.

Si le chiot a répondu comme je vous l’ai indiqué, il pourra s’adapter partout, même s’il y a des enfants ou des personnes âgées. Il a un degré élevé de sociabilité.

Maintenant vous pouvez réserver votre bébé. Vous poserez une option ferme et vous donnerez un acompte.

Considérez qu'un mâle à plus de caractère est inexact, chaque chien est influencé par ses gènes et son environnement. Certaines chiennes sont des pestes de jalousie, et certains mâles sont doux comme des agneaux. C’est l’éducation qui donnera à votre chien l’équilibre dont il a besoin en termes de caractère.

Vous viendrez voir l’évolution de la portée lors d’une deuxième visite, dès que les chiots auront soixante jours. Vous pourrez vérifier que le chiot que vous avez choisi est toujours équilibré, simplement en faisant quelques jeux avec lui. Soulevez-le, appelez-le, grattez-le, tous vos gestes seront d’abord un peu refusés puis acceptés. S’il y a un problème, entre les deux visites, l’éleveur a certainement rencontré une difficulté.

# L'ARRIVÉE DU CHIOT

Avant de voyager, vous avez réglé les dernières formalités, et vous avez été particulièrement attentifs aux vaccinations. Vous avez un carnet de santé, une attestation de pré-LOF en cours, et une facture.

Pour votre voyage, sachez que le chiot est un être fragile qui va pour la première fois vivre ce qui est pour lui un drame. Alors soyez compréhensifs envers votre chien.

Vous ferez une halte par heure. Vous aurez de l'eau, une gamelle, du papier absorbant, deux serviettes, une vieille chemise à vous.

Pourquoi la chemise, vous demandez-vous ? Eh bien la chemise va beaucoup servir plus tard car elle sera imprégnée de votre odeur, et deviendra une ancre pour le chien. L'éducation du chien commence dès maintenant.

Lorsque le chiot entre à la maison, il faut qu'il trouve un coin prêt pour lui. Il aura un panier avec un tapis moelleux. S'il vous plaît éviter l'osier car le chiot va déchiqueter et engloutir des morceaux. Vous aurez prévu deux écuelles si possible en acier et des jouets. Il devra y avoir deux types de jouets, ceux pour s'amuser, et ceux pour travailler.

Ne donnez pas de jouets en mousse ou en plastique que le chiot va détruire et dont il avalera des morceaux. Je préconise une balle ronde, une balle ovale, une corde à nœuds et une barre en élastomère.

Le poids des chiens pèse sur leurs articulations non protégées par du poil, et cela engendre des calcites aux coudes des pattes. Pour cela optez pour un coussin de panier très confortable et si possible avec une housse lavable.

Il ne faudra pas donner ses jouets au chiot. Vous devrez attendre au minimum trois jours avant de jouer avec lui. Ensuite vous pourrez laisser à la disposition du chiot la barre en élastomère.

Les autres jouets vous les garderez pour jouer avec le chien. Cette procédure est la base de l'éducation.

Le chiot en arrivant va devoir s'habituer à son chez lui et à sa nouvelle famille. Soyez patients, laissez le chiot prendre ses marques. Vous devrez attendre que votre chiot soit en sécurité et se sente protégé.

À son arrivée, vous allez d'abord continuer les câlins.

Puis doucement à son grès laisser le chien explorer sa nouvelle maison. À ce moment-là, il y aura peut-être un besoin urgent. Faite comme si de rien n'était. S'il vous plaît ne montrez pas au chien que vous nettoyez, ne marquez pas le moment des besoins sinon vous augmenterez le temps que le chiot mettra à être propre.

Le chiot fourrera son museau partout, laissez-le faire pour qu'il puisse se familiariser avec son milieu. Comme il va à un moment faire une bêtise, votre première leçon d'éducation va commencer.

Vous devez savoir dire « Non » et de façon sèche. C'est très important.

Ne vous inquiétez pas, si vous devez répéter. Pendant les deux premières semaines, c'est juste un « Non » que vous répéterez autant de fois que nécessaire. Surtout il ne doit pas y avoir de punition.

Ne vous précipitez pas au moindre gémissement du chien, sous peine d'en faire un mauvais comportement.

Le chien vit sa vie, vous vivez la vôtre. Ce n'est pas le chiot qui décide.

Éviter l'accident en apprenant à bien soulever le chiot, mettez une main sur la poitrine, mettez l'autre main sous les fesses.

Après une semaine, vous direz « Non » deux fois. Si le chien continue, vous n'insisterez pas. Vous changerez de stratégie. Ne criez pas et ne touchez pas le chiot.

Vous allez créer une ancre. Retenez que l'ancrage est la technique des professionnels. Vous allez associer l'ordre « Non » à un bruit. J'ai choisi une bouteille en plastique vide remplie d'une dizaine de petits cailloux et je l'ai bien bouchonnée.

Vous lancerez la bouteille à droite ou à gauche du chien en donnant sèchement l'ordre « Non ». S'il vous plaît ce n'est pas un jouet mais un outil d'éducation, alors ne donnez pas la bouteille au chiot. Je dis à droite ou à gauche et suffisamment loin de lui. C'est juste fait pour détourner son attention. L'erreur sera de toucher le chien avec la bouteille car vous le rendrez peureux. L'ordre « non » et le bruit de la bouteille seront associés pendant au minimum trois semaines.

Le chiot devra rester une semaine dans sa maison avec sa famille, je veux dire qu'il ne devra pas rester seul car il serait désorienté et stressé. Et malheureusement votre chiot répondra à sa façon à son déséquilibre et pire le chiot aura enregistré sa réponse et la répétera. Le moment est crucial, si vous réussissez cette phase, tout sera plus simple.

Ensuite après une semaine, sortez et laissez le chien seul cinq minutes puis revenez. Félicitez-le, il n'a rien fait, il est content de vous revoir. S'il a fait un besoin, ou une bêtise, faite comme si de rien n'était. Vous pourrez diminuer le temps, et mettre trois minutes.

En général nous commençons par cinq minutes, puis dix minutes, faites-le tous les jours, et augmentez la durée. Le chien n'a pas la notion du temps. Mais, il a peur de l'abandon. Alors transformez la notion d'abandon en attente positive.

À partir de deux semaines chez vous le chien devra sortir et là aussi vous devrez respecter une procédure. Pour sa première sortie le chien sera avec une laisse et un collier en cuir et surtout pas de collier étrangleur et encore moins de collier électronique.

Vous maîtrisez le premier commandement qui est le « Non ». Vous allez travailler l'ordre « Au pied ». Vous vous rendez dans un endroit calme et vous allez apprendre au chien à marcher à côté de vous. Commencez par mettre votre chien à votre gauche, puis commandez « non du chien - au pied » et avancez la jambe gauche. Le mousqueton doit tomber librement, le chien doit avoir les épaules au niveau de votre genou. Le chien doit vous suivre mais pas vous devancer. Surtout allez-y doucement. Vous ne corrigez pas le chien, vous lui apprenez en disant « Non » si besoin. Ne vous inquiétez pas, il comprend. Votre ordre sera toujours « non du chien - au pied » et vous ramènerez délicatement le chien en bonne position. J'ai dit délicatement car c'est un chiot. Mais il a le droit de sortir, et en tout cas il ne doit pas apprendre un mauvais comportement. N'allez pas vous compliquer la vie, pour plus tard. Le chien est en apprentissage. Soyez compréhensifs. Avez-vous appris immédiatement ?

Pour l'instant limitez-vous à l'apprentissage de la marche en laisse. Et ne brûlez pas les étapes. Vous avez remarqué que nous avons commencé tôt son éducation.

Les sorties devront être progressives en durée et en complexité. N'exposez pas votre chiot au centre-ville un samedi aux heures de pointe.

Commencez par des balades courtes en campagne, puis très courtes en ville dans un endroit protégé du trafic, puis petit à petit vous exposerez le chiot à plus de situations dans la durée et la complexité.

Tôt ou tard votre chien aura peur. S'il vous plaît n'ancrez surtout pas ce comportement. Faites comme si de rien n'était et continuez à marcher. Il ne faut jamais féliciter un chiot pour un comportement inadéquat.

Je vous résume ma méthode en deux points : l'ancrage et le renforcement positif. Rien d'autre jusqu'à six mois.

Pour amener un chien à utiliser son panier ou une cage de transport, il faut y placer une friandise et son jouet préféré, et surtout sous le coussin mettez la chemise qui a été utilisée pour l'arrivée du chiot et qui porte votre odeur.

Ne l'oubliez pas l'ancrage olfactif est une façon de

rassurer le chien. Vous voulez l'habituer à rester seul un moment dans la voiture, à l'hôtel, chez des proches, il faudra utiliser l'ancrage olfactif pour que le chien reste serein. Bien entendu l'apprentissage est obligatoire, c'est de l'immersion puis de la répétition. Donc apprenez au chien, puis répétez.

Prenez votre temps, le chien apprend très vite, mais ce n'est pas un robot et parfois il fait son caractère. Dans ce dernier cas restez gagnants en n'insistant pas.

Le chiot ne devra jamais être dérangé lorsqu'il se trouvera dans son panier. Le chiot doit avoir à boire en permanence. Lorsque je me déplace je pense à amener de l'eau pour le chien. Un chien boit beaucoup, et de l'eau saine et propre.

Le chiot mange à heure fixe une ration prévue et si possible une alimentation de qualité. Il a 20 minutes, puis vous enlevez la gamelle.

J'utilise personnellement des croquettes bios. Ne donnez pas en dehors du repas.

Pour les friandises, vous devez comprendre qu'elles sont nécessaires à l'éducation du chiot et plus tard du chien. Je me répète il faut travailler en renforcement positif. Donc la récompense est un outil d'éducation. Seulement la récompense est calorique. J'utilise du cœur de bœuf qui est une friandise sans gluten, sans sucre, sans sel.

Il est important de commencer très jeune à habituer votre chiot aux soins quotidiens : oreilles, yeux, brossage du poil au minimum pour un Husky.

On peut croire que votre chiot est équipé de piles longue durée, mais il a besoin de beaucoup de repos pour grandir.

Attention aux exercices violents, aux escaliers, aux courses rapides, aux randonnées trop longues, trop d'exercices peuvent nuire à sa santé. Le chiot ne doit pas dépasser ses propres limites. Il faut être très prudent pendant sa croissance car il développe son ossature et trop d'exercices peuvent engendrer des problèmes d'articulations.

C'est important de ne pas confondre vitesse et précipitation, dans l'éducation du chiot.

Les chiots adorent jouer, mais ils ont besoin de beaucoup de siestes entre les jeux et les repas. C'est à vous de déclencher l'heure de la sieste. Ne faites pas jouer votre chiot immédiatement après les repas car il risque une torsion d'estomac qui est mortelle si elle n'est pas soignée immédiatement.

Voici un résumé des différents apprentissages du chiot au fur et à mesure de sa croissance. Les âges indiqués ne sont pas à prendre au jour près, mais approximativement autour de cette période :

La gestation dure environ 9 semaines. Pendant les 10 à 15 derniers jours de gestation, le fœtus possède déjà des compétences tactiles. Il réagit à la caresse du ventre de sa mère et aux stress que celle-ci subit, il est donc essentiel que la gestation de la mère se passe dans les meilleures conditions d'attention, de calme et de sérénité. D'où les visites que je conseille à l'élevage.

De la naissance à 15 jours c'est la période néonatale. La maturation du système nerveux n'est pas terminée à la naissance des chiots. Les fibres nerveuses vont progressivement s'entourer d'une gaine lipidique, la myéline, qui facilite le passage d'influx nerveux. La myélinisation des cellules nerveuses et des neurones permet la circulation de l'information jusqu'au cerveau et du cerveau aux membres. Le chiot est sourd, aveugle à 15 jours, il est incapable de se mouvoir. Il passe le plus clair de son temps à dormir. Le réflexe de frisson thermique n'existe pas dans les premiers jours, ce qui explique que les chiots dorment en amas la première semaine. Ils commenceront à bouger les pattes antérieures (grâce la progression de la myélinisation de la colonne vertébrale). Le chiot jusqu'à quinze jours, est totalement dépendant de sa mère qui le nourrit, le protège, le nettoie par léchage en stimulant l'élimination et en ingérant ses excrétions. On notera l'apparition du réflexe de fouissement, le chiot cherchera à enfouir sa tête dans des endroits bien chauds, puis on observera le réflexe labial c'est lorsque le chiot essaiera de téter tout ce qui s'approche de ses lèvres, puis on observera le réflexe périnéal quand le chiot fait ses besoins au moment où sa mère lui lèche le ventre et le périnée.

Je conseille aux éleveurs de prévoir dès la naissance des petits, une pièce d'éveil avec des sons variés, des jouets de différentes textures, des tissus, des morceaux de bois, et tout autre objet, pour les familiariser aux ustensiles inconnus et favoriser leur stimulation sensorielle.

De 15 jours à 3 semaines : c'est la période de transition. C'est la phase de développement des sens. Le chiot ouvre les yeux (entre le 10e et le 14e jour), entend (entre le 14 et le 21e jour), et sursaute au bruit (réflexe de sursaut) à la 3e semaine. Les chiots se dirigent vers les sons et la lumière. L'apprentissage de groupe commence, c'est la socialisation primaire. C'est aussi le début de l'apprentissage du comportement de communication avec les premiers aboiements, grognements et jappements.

Le comportement exploratoire (d'investigation) débute lui aussi, avec un pic paroxystique vers le 23e jour. Vers la 4e semaine, le chiot passe à la phase exploration et identification de l'environnement. C'est le moment des apprentissages essentiels : acquisition des autos contrôles comme l'inhibition de la morsure (les cris du mordu font lâcher le mordeur), la hiérarchie, les jeux.

Attention : si les chiots sont séparés de leur fratrie à ce moment-là, on risque un mauvais contrôle de l'inhibition de la morsure, un apprentissage incomplet des règles sociales et un hyperattachement.

L'attachement excessif peut conduire à former des chiens incapables de rester seuls, par exemple.

La 5e semaine est la période de l'apprentissage de la hiérarchie par appréciation de la gestion de l'espace et de la disponibilité de la nourriture : le chiot constate qu'il ne peut manger que lorsque tel individu a terminé, ou qu'il n'a pas le droit de prendre la friandise d'un individu qui lui est supérieur, comme sa mère.

La phase d'aversion débute elle aussi après cinq semaines, le chiot fuit les personnes inconnues et il a tendance à craindre les nouveautés. Les nouvelles espèces découvertes peuvent être considérées comme ennemies

Connaître les phases d'apprentissage doit vous permettre de diagnostiquer très vite chez le chiot un manque et de le combler.

# LA PROPRETÉ DU CHIOT

Pour votre chiot, la propreté signifie naturellement de ne pas faire sur les lieux où il couche et où il se nourrit. Le chiot doit donc comprendre la propreté autrement.

Pour faciliter l'apprentissage vous devez respecter quelques règles. Distribuez la nourriture à heure fixe si possible jamais le soir tard. Laissez manger le chien seul au calme et lui retirer sa gamelle vingt minutes après la lui avoir donnée. Qu'elle soit vide ou pas. Toujours laisser l'eau propre disponible.

Sachant que le chiot se soulage après l'ingestion de nourriture, sortez-le à ce moment-là.

Un chiot dort beaucoup, il va donc se reposer de nombreuses heures et souhaite se soulager presque automatiquement à son réveil. Sortez-le juste à ces moments-là.

Un chiot de 8 semaines ne peut pas se retenir plus

d'une heure ou 2 dans la journée, 3 ou 4 heures la nuit, donc soyez patients. Comptez les heures et sortez le chien.

Il ne faudra pas attendre de lui une réelle capacité à se retenir plusieurs heures avant l'âge de 6 mois.

Vous devez sortir le chien, après les siestes, les repas ainsi qu'après les séances de jeux.

Le chiot parfois va naturellement se soulager dans la maison, surtout ne le punissez pas. Mais n'ancrez pas ce mauvais comportement. Faite comme si de rien n'était.

Sortir le chiot souvent et dès son plus jeune âge est une évidence.

Au début choisissez de le conduire en laisse dans des endroits tranquilles et propres.

Les endroits bruyants, très fréquentés de gens et de congénères sont à proscrire.

Il est conseillé de sortir le chiot avant ses 3 mois. Le risque infectieux est minime. Par contre pour son éducation c'est génial. Il deviendra plus vite équilibré et capable de faire ses besoins en laisse où que vous alliez.

Et même si votre chiot dispose d'un jardin, cela ne dispense surtout pas de le sortir dans la campagne.

Enfin pas de fixation sur la propreté, elle viendra entre six et huit mois.

Tordons une fois de plus le cou à une idée répandue : on ne met pas le museau du chien dans sa merde ! c'est insensé. Vous n'aurez jamais un chien équilibré avec ce genre de méthode. À l'inverse le chien finira par devenir craintif.

# RÈGLES POUR L'ÉDUCATION

Il ne faut jamais toucher le chien. Encore moins un Husky ! Ce n'est pas une question de taille ou de poids.

J'entends par toucher, vouloir imposer à un chien une position. Évidemment vous pouvez le caresser, l'embrassez, mais pas le forcer à prendre une position.

Nous n'utiliserons pas de collier électronique sauf cas particulier et exceptionnel à voir avec un éducateur breveté, et ni de collier étrangleur car l'apprentissage de la marche au pied pour le Husky ne pose aucun problème.

Nous utiliserons le harnais de type professionnel si possible. Tout simplement car c'est moins dangereux pour le cou.

Il faudra passer par une école du chiot. Il existe, de bons et de mauvais éducateurs, d'excellents clubs et d'autres qui sont infectes. Tout d'abord ne vous engagez pas sans avoir au préalable participé à une journée portes ouvertes du club, et sans avoir suivi une leçon gratuite. Je vous invite à vérifier les diplômes des éducateurs.

Le chiot et le chien sont deux réalités différentes, et nous devons parler d'apprentissage pour le chiot et d'éducation pour le chien. Bannissez le mot dressage. Vous a-t-on dressés quand vous étiez enfants ?

Pendant le jeune âge, la psychologie du chiot est complètement différente. Le chiot réagit à des stimulations de façon différente du chien.

Il faut souligner que la construction mentale d'un jeune chien est comme une éponge prête à absorber des millions d'informations qui seraient difficilement reçues par un chien adulte.

Commencer l'éducation du chiot tôt. Mais respectez cette règle, il faut travailler souvent mais pas longtemps et avec beaucoup de pauses qui seront l'occasion de jeux. Le travail pour le chiot est basé sur le jeu et le plaisir.

Autrefois, on avait l'habitude d'attendre l'âge d'un an, pour commencer à éduquer son chien. Le bon âge pour apprendre est dès l'âge de trois mois.

Le jeune âge, chez le chien, est aussi celui de l'apprentissage des hiérarchies. L'avantage de l'éducation en club est que le chien sera en contact avec d'autres congénères, c'est indispensable à sa socialisation.

Le chiot doit savoir d'instinct qui commande, à qui il

peut se fier, qui il peut suivre et avec qui il peut tout simplement jouer. Il est préférable de passer par un club, ainsi le chien partagera avec d'autres chiens et vous avec d'autres maîtres ou maîtresses.

Vous avez choisi un Husky et un club. Vous allez devoir encore vous investir. N'allez donc pas apprendre des techniques de travail à l'école du chiot pour en utiliser d'autres à la maison. Le travail d'éducation doit être de nature physique et intellectuelle.

Personnellement je considère qu'il doit être d'abord intellectuel. Un chien peut apprendre jusqu'à cent cinquante comportements. Je ne dis pas mot, car cela ne veut rien dire, c'est bien le comportement associé au mot qui est important.

Les gestes pour éduquer son chiot ne doivent pas être brusques, pour ne pas prêter à confusion et ne pas faire peur au chiot.

Le contact avec l'animal obéit à certaines règles. Des gestes de félicitations trop amples accompagnés de cris de joie peuvent provoquer chez l'animal une peur telle qu'il n'est pas près de recommencer ce qu'il vient de faire, même si vous en étiez très satisfaits.

Aussi vous devez dès le début savoir moduler votre ton de voix. La première règle avec un chiot est de récompenser un comportement attendu, et de faire comme si de rien n'était avec un comportement inadapté.

Un mot doit induire un comportement pour le chien. Il faut faire apprendre, faire répéter, puis faire associer le comportement à une attitude globale. Il s'agit de trois phases différentes.

L'apprentissage se fait en utilisant le jeu et la friandise. La répétition permet de travailler un comportement reflex. L'association va permettre au chien d'intégrer des enchaînements de comportements.

# L'ÉDUCATION DE BASE

L'éducation de base comprend, les positions de fixation, le stop et le rappel. La procédure d'éducation sera identique. Prenons un exemple avec le comportement assis.

Vous choisissez le nom de l'ordre « Nom du chien-assis » et vous répétez l'ordre en vous positionnant à droite puis à gauche du chien.

Il ne faut surtout pas appuyer sur la croupe du chien, car le chien résiste et essaie de se relever. Même si par la force vous arrivez à le faire asseoir, il va ressentir cet ordre comme une contrainte et « Nom du chien-assis » deviendra une position de soumission. C'est une erreur grave d'éducation, qui engendrera des complications comme des comportements de crainte ou d'agressivité.

Il faut faire asseoir le chien sans aucune contrainte physique. Il suffit de lancer une balle, et vous verrez que le chiot s'assoit naturellement pour suivre votre geste du regard. Profitez-en pour lui dire « Nom du chien-assis » avant de lancer la balle de nouveau. Félicitez, caressez, puis donnez une friandise.

Après ce travail à la maison, viendra le travail en club. Prenons l'exemple du « Assis ». Le chien est debout, prenez une friandise et tenez-là-au-dessus du nez du chiot. Il va lever la tête pour la regarder. Tendez alors votre bras vers sa croupe. Pour pouvoir regarder la friandise, le chien va lever la tête vers l'arrière et il se trouvera assis. Profitez-en pour lui dire « Nom du chien-assis ».

Chez vous à partir de maintenant le chien entendra l'ordre « Nom du chien-assis » régulièrement. Commencez par demander « Nom du chien-assis » lorsque vous donnez la gamelle. Ensuite demandez « Nom du chien-assis » avant de mettre la laisse pour la promenade. Soyez inventifs. Les occasions ne manquent pas.

Il ne faut pas donner d'ordres complexes pour le moment et encore moins d'ordres contradictoires, comme « nom du chien-assis — stop — pas bouger — au pied » c'est l'erreur la plus courante du débutant.

Pour le coucher mettez une gourmandise vers le bas devant la truffe puis vous reculez un peu. En même temps vous donnerez l'ordre. Dès le coucher donnez la friandise et félicitez.

Pour le debout mettez une gourmandise à hauteur de votre bras. Donnez l'ordre « debout » puis donnez la friandise et félicitez.

Pour le stop vous donnez l'ordre et vous vous arrêtez, le chien va vous imiter. Donnez la friandise et félicitez.

Si une position est mal comprise, vous revenez à une position assimilée avant, puis vous ressayerez.

Au fur et à mesure vous ne donnerez la friandise que si c'est parfait.

Vous ne passez à la phase répétition que lorsque les positions sont toutes acquises. Il y a quatre positions de fixation : Assis, Coucher, Debout, Stop. Souvent les clubs oublient « Nom du chien debout ».

Maintenant nous allons enchaîner les positions. Vous marchez avec le chien à vos côtés, vous démarrez pied gauche en avant, et tous les cinq pas vous donnez un ordre différent.

Vous allez tous les jours travailler ses positions deux fois 15 minutes (par exemple matin et soir), puis vous allez deux fois au minimum par semaine travailler en club.

Après deux semaines d'association sur les positions de fixation vous enchaînerez en rajoutant les demi et quart de tour (généralement oubliés en club).

Maintenant et seulement maintenant nous allons faire

apprendre au chien un ordre complexe « Nom du chien - pas bouger ».

Vous marchez avec le chien à vos côtés, vous démarrez pied gauche en avant, et vous faites cinq pas vous donnez un ordre « assis », puis « pas bouger ». Au début mettez-vous face au chien et reculez de deux pas en répétant « pas bougez ». Vous augmenterez le nombre de pas progressivement. Ensuite vous demandez le même ordre mais le chien est à côté de vous. Félicitez. Félicitez. Répétez. Répétez. Félicitez. Félicitez.

Le rappel est un comportement essentiel. Le comportement se déclenche sur l'ordre « Nom du chien - au pied ». Ne commencez jamais le travail de rappel chez vous. Le risque que le chien aille courir ou il veut est réel.

En club le chien est équipé d'une longe tenue par un éducateur. Vous vous éloigniez de la longueur de la longe et vous donnez l'ordre « Nom du chien — au pied ». Le travail du rappel sera répété à chaque séance d'éducation, et à chaque sortie.

Ne lâchez jamais un chien en liberté avant 18 mois et avant un rappel parfait que vous aurez testé en club et qui sera validé par un éducateur. Soyez vigilants et ne prenez aucun risque.

# LA VIEILLESSE DU CHIEN

Avoir un chien c'est être attentif aux signaux qu'il vous envoie. Graduellement moins beau, moins actif, moins présent, l'animal âgé est plus fragile qu'un jeune adulte et doit donc faire l'objet d'observations et d'attentions toutes particulières.

Le regarder vivre et se déplacer, le palper, noter tout changement pour reconnaître ses déficiences progressives, aide à vite déceler l'apparition d'une maladie liée au vieillissement.

L'allongement du temps de repos et de sommeil, est normal, et ne devra donc pas être une inquiétude.

Mais lentement l'animal peut venir à souffrir dans sa locomotion, s'essouffler, mal entendre ou mal voir.

Le cerveau, organe est concerné par le vieillissement. Son inévitable dégénérescence entraîne et accompagne progressivement des troubles de l'humeur et du comportement. Les signes du 3e âge se voient donc sur le plan physique, psychologique et comportemental.

Un nouveau compagnon lui serait-il profitable ? Il vaut mieux s'abstenir d'amener « dans les pattes » d'un chien ou d'un chat senior, un chiot turbulent par nature, qui risque de le bousculer et l'épuiser avec sa vitalité débordante et ses mordillements.

Mais, et c'est mon expérience, si l'on introduit un jeune animal dans le groupe familial en début de phase senior quand le chien est encore bien actif, alors c'est bénéfique pour les deux. Le jeunot va faire maints apprentissages par imitation avec son « vieux copain » mais les mauvaises habitudes et les bonnes habitudes seront transmises.

Stimulés, mes chiens seniors ont toujours retrouvé une seconde jeunesse, mais j'ai veillé au grain, en étant juste.

Votre chien ne passe plus son temps qu'à dormir et semble devenir comme plus « mécanique », à n'être plus intéressé que par sa gamelle et l'heure des sorties, alors il faudra devenir encore plus indulgent pour l'accompagner jusqu'à sa fin.

Maintenir son vieil animal en vie dans le confort jusqu'à sa mort, c'est formidable. C'est cela être un maître responsable.

Des visites régulières chez le vétérinaire, s'imposent à « l'âge mûr » sachant qu'aucun traitement ne pourra jamais rajeunir un vieil animal, mais souvent lui assurer une qualité de vie plus optimale.

Veiller à lui ménager une place de repos plus moelleuse et plus au calme, car tout en gardant le contact avec la vie de famille, l'animal a besoin de plus longues périodes de sommeil. Sans le reléguer, il faut le protéger notamment de l'agitation.

La perte d'appétit ou au contraire la boulimie, l'incontinence nocturne, des constipations en alternance avec des diarrhées sont autant de points de repère de l'affaiblissement des fonctions vitales de l'organisme de l'animal. À ce stade, il fait échanger avec le vétérinaire.

Eh ! Oui, ils vieillissent ! ils ont alors besoin de nous. Soyons présents. Aidons-les. Alors je vais vous donner des trucs :

Par temps doux, un brossage précautionneux adapté une fois encore aux raideurs, douleurs, ou imperfections de la peau, est bénéfique. Il permet la surveillance de grosseurs, de présence de parasites nuisibles, etc. tout en maintenant le contact corporel et la tendre complicité avec un animal, que ses facultés sensorielles diminuées isolent un peu, et toujours pour les raideurs douloureuses, attention à l'Essuyage des pattes sales.

Maintenez une activité modérée avec votre vieux chien, et pas de « retraite brutale » à celui qui sortait avec son maître sous prétexte qu'il n'est plus performant.

Veiller plus souvent au niveau d'eau de la gamelle d'un animal dont la soif est augmentée (sans chercher à réduire sa consommation, sous prétexte de mictions plus fréquentes).

Certains facteurs influent sur la longévité de nos chiens. Le code génétique bien sûr, mais spécialement tout le soin que l'on a pris d'eux dès leur jeune âge, pour leur assurer une bonne condition physique et psychique (l'une n'allant pas sans l’autre).

# L'HYGIÈNE DU CHIEN

Le toilettage est proscrit dans le standard de la race Husky : il est seulement permis d'égaliser les moustaches et le poil qui pousse autour du pied et entre les doigts

Le Husky subit une mue deux fois par an (au printemps et en automne) en lien avec le changement de luminosité à ces périodes.

Les chiens vivant en intérieur perdent leurs poils toute l'année avec des périodes plus fortes au printemps et en automne.

Les oreilles : vérifiez régulièrement la propreté des oreilles de votre chien. En cas de besoin il faut les nettoyer avec une lotion adaptée (vous les trouverez chez votre vétérinaire, en pharmacie ou en animalerie) en utilisant une "lingette" ou du coton. N'utilisez jamais de coton-tige, vous pourriez blesser votre chien en cas de mouvement brusque de sa part et de toute façon vous ne feriez que tasser les saletés dans le fond du conduit.

Les yeux : nettoyez-les régulièrement avec une lotion spéciale. Tout écoulement anormal doit être immédiatement signalé à votre vétérinaire.

Les dents : surveillez attentivement l'état d'entartrage des dents. Le tartre est responsable de problèmes graves tels que le déchaussement précoce, la mauvaise haleine, les abcès dentaires…

Pendant la croissance de votre chien vérifiez régulièrement sa dentition : ses dents de lait vont tomber lorsqu'il aura environ 4 mois. Cela peut passer de façon inaperçue car il va en avaler une grosse partie. En cas de doute sur le changement de dents de votre chiot, demandez conseil à votre vétérinaire.

Les griffes : en principe elles doivent s'user régulièrement avec la marche sur sol dur.

Bain : vous pouvez baigner votre chiot 8 jours après le premier rappel de vaccins. Utilisez toujours un shampooing spécial chien (animalerie et pharmacie) et prenez soin de bien le sécher après (attention au sèche-cheveux qui peut lui brûler la peau si vous le mettez trop près). Idéalement, l'eau du bain doit être tiède. N'abusez pas des bains.

# SOIGNER SON CHIEN

Aujourd'hui, les meilleurs éleveurs n'utilisent pour la reproduction que des sujets non touchés par la dysplasie et classé A pour la reproduction. Des radios sont réalisées sur les reproducteurs en âge adulte pour faire de la prévention. Le chien ne sera pas reproducteur s'il est atteint.

Il existe un syndrome de myélopathie dégénérative. C'est un trouble neurologique, causé par une dégénérescence axonale. Le Husky est prédisposé à cette maladie, et en est atteint à l'âge de 10 ans en moyenne. Une prédisposition n'est pas une réalité mais un risque. Votre vétérinaire peut vous aider.

Le Husky est souvent sujet à des troubles immunitaires qui peuvent créer des allergies, des fistules anales, des otites. ; une surveillance est nécessaire. Exactement comme pour tous les chiens une surveillance est nécessaire.

Vous devrez lui administrer un traitement anti-puces et

tiques pendant les saisons chaudes ainsi qu'un vermifuge deux fois par an et ne pas oublier la visite annuelle chez le vétérinaire pour son rappel de vaccin.

Pour prendre soin de votre chien, il faut vous équiper avec : ciseaux, pince à épiler, seringue anti-venin, coupe griffe, attelle, canne télescopique. Attention, vous n'êtes pas vétérinaires. Il est utile de prévoir quelques médicaments chez soi et en déplacement pour assurer soins et gestes de première urgence.

Il faut : des compresses, du désinfectant, du sparadrap, des bandes, du savon de Marseille, un sérum physiologique pour les yeux, une crème antibiotique pour les plaies, de l'éther pour les tiques, un pansement intestinal pour les diarrhées. Vous faites de la randonnée, vous partez sur une nationale, organisée par la SCC ou par votre club. Vous voyagez en camping-car. Vous partez dans un gîte isolé. Alors vous devez rajouter : une boîte d'antibiotiques pour éviter les allergies, un anti-vomitif, une protection contre les puces, un vermifuge, une crème contre la maladie de la gale pour les oreilles et une crème anti-aoûtats.

Vous pouvez également constituer une pharmacie médicale en cas de troubles légers ou pour prendre les premières mesures d'urgence sachant qu'il vous faut consulter pour des symptômes qui durent. Voici les produits en fonction des différentes affections.

Pour les problèmes de peau il y a les antiseptiques représentés par l'alcool, la Bétadine, l'alcool iodé, le bleu de méthylène, l'eau oxygénée, l'éther ou la solution de Dakin. AttentionCes produits sont souvent irritants en solution pure. La dilution dépend du produit et de son utilisation ponctuelle. Le savon de Marseille est l'antiseptique le plus simple qui, utilisé correctement, est très efficace pour la désinfection des plaies diverses.

Une plaie infectée doit être savonnée, rincée à grande eau. On applique ensuite des antiseptiques, de l'alcool ou de la teinture d'iode. L'eau oxygénée est très utile pour rendre une plaie propre. Elle permet, en effet, d'ôter toutes les traces de sang. Les sprays antibiotiques s'utilisent pour éviter les infections locales.

Pour tous les autres problèmes de peau, il vous faudra un produit contre la gale à base de Lindane, un produit antimycosique pour la teigne en spray et en comprimés. Une lotion anti-inflammatoire vous permettra de lutter contre les allergies et eczémas divers.

Pour les troubles digestifs sachez que la diarrhée est fréquente chez les chiens. Il est indispensable que votre pharmacie comporte un pansement gastrique sous forme de poudre ou de gel. Un antispasmodique pour lutter contre les mouvements de l'intestin. Un antibiotique agissant sur les germes digestifs. Pour la constipation, de l'huile de paraffine sera parfaite.

Pour les infections les antibiotiques sont obligatoires pour pallier toute infection. Attention Une ordonnance doit toujours les accompagner. Concertez-vous avec votre vétérinaire en lui expliquant que vous vous déplacez souvent même le week-end et qu'il n'est pas aisé de trouver des urgences pour chien un dimanche après-midi à Aubigny-sur-Nère par exemple. Vous déterminerez avec votre vétérinaire la liste d'antibiotiques en fonction de votre chien

# LA SEXUALITÉ DU CHIEN

La maturité sexuelle du chien se produit autour du septième mois chez le mâle, et entre sept et dix mois chez la femelle. Par contre, le chien peut manifester des désirs sexuels dès l'âge de sept semaines, sous forme de jeux où l'accouplement est simulé. La femelle connaît des périodes de chaleurs ou œstraux, en général, tous les six mois. Il arrive que cet intervalle varie entre 4 et 8 mois. Ces périodes se produisent au printemps et à l'automne ; elles correspondent à l'ovulation et dure de 15 à 20 jours. La fécondation peut se produire entre le septième et le quatorzième jour. L'urine contient alors des phérormones qui attirent les mâles. La chienne a des segments généralement appelés menstruations, bien que le terme exact soit diapédèse. Il s'agit de globules rouges qui traversent la paroi. Si un mâle montre de l'intérêt, la chienne fera savoir son contentement en plaçant sa queue de côté, pour présenter son vagin.

Lors de copulation, un bulbe sur le pénis du chien se gorgera de sang. Le chien ne pourra se séparer de la femelle tant qu'il ne se désengorgera pas, cela peut prendre de 15 à 20 minutes. Attention, il est très important de ne pas tenter de séparation sous aucun prétexte cela risquerait de déchirer le vagin de la femelle.

Si vous voulez faire s'accoupler deux chiens, il est préférable d'emmener la femelle chez le mâle car ce dernier peut refuser de copuler en territoire inconnu ou s'il a peur. Il est à noter que le mâle est le seul à posséder un os dans le pénis, appeler os pénien. Il arrive qu'il y ait des cas d'homosexualité chez le mâle. Ce comportement est dû à une frustration sexuelle. Cette frustration peut provoquer de l'agressivité et des fugues. Chez la femelle, les fugues sont un peu plus rares, mais elle peut devenir surexcitée.

Une fois le mâle choisi, il convient de déterminer le moment propice de l'accouplement. On ne peut pas laisser les deux chiens ensemble en permanence sous peine d'épuiser le mâle ou de risquer qu'il se blesse (fracture du pénis suite à des tentatives de saillies brutales ; le pénis du chien contient en effet un os). Si le mâle est très disponible, on pourra les laisser ensemble entre le 11e et le 13e jour après le début des chaleurs. La saillie doit en effet se faire environ 48 heures après l'ovulation. Cette période correspond à la date moyenne idéale des chiennes.

Toutefois, il existe de grandes variations et le fait que la chienne accepte la saillie n'est pas forcément un signe de réussite.

L'idéal est donc de faire suivre les chaleurs de votre chienne par un vétérinaire, surtout si vous n'avez pas la possibilité de faire plusieurs saillies (si le mâle est loin) et si cette saillie vous coûte cher.

Le suivi consiste à faire des frottis vaginaux et des dosages sanguins hormonaux (de progestérone), afin de connaître précisément le moment de l'ovulation. Il est toujours préférable de déplacer la femelle plutôt que le mâle pour la saillie, afin que ce dernier soit en pleine possession de ces moyens.

L'accouplement se déroule après une période de parade plus ou moins longue (mais généralement courte : le chien se contente de renifler la vulve de la femelle). Le chien chevauche la femelle, la pénètre, et commence à faire des mouvements de va-et-vient (10 à 20). Puis, il passe une patte au-dessus du dos de la chienne et se retourne : les chiens sont alors « collés » fesses contre fesses. C'est à ce moment que des mâles peu expérimentés peuvent se blesser (fracture du pénis) : faux mouvement, femelle qui cherche à s'asseoir.

Il est important par ailleurs de ne pas intervenir pendant cette phase sous peine de blesser les animaux.

L'accouplement dure généralement une vingtaine de minutes. Mais certains chiens sont plus rapides, sans que cela n'influe sur leur performance de reproducteur.

Après la saillie, une petite quantité de liquide peut couler de la vulve de la femelle.

Sachez enfin que certains vétérinaires sont habilités à pratiquer l'insémination artificielle. Elle permet de faire reproduire la chienne si la saillie n'a pas pu être réalisée ou d'utiliser de la semence congelée d'un mâle.

La Gestation a une durée très constante chez la chienne : 63 jours (+ ou -1 jours) après l'ovulation. Le diagnostic de gestation peut être fait précocement par une échographie dès le 25e jour environ. Il n'existe pas de dosages hormonaux chez la chienne (type test de grossesse chez la femme) car le profil hormonal est très variable d'une chienne à l'autre et est très proche que la chienne soit gestante ou non.

La radiographie ne peut être effectuée qu'à partir de 45 jours de gestation. Il est toutefois prudent d'attendre 50 jours pour être sûr de bien voir tous les fœtus et d'évaluer leur taille par rapport à celle du bassin de la mère, pour savoir si les chiots seront susceptibles de rester coincés lors de l'accouchement (ce qui reste très rare chez le chien).

Les mamelles commencent à se développer dans la deuxième moitié de gestation et le lait est présent une semaine avant la mise bas, deux à trois jours seulement lors de la première portée.

L'alimentation de la chienne pendant la gestation La future maman devra être nourrie avec un aliment équilibré, riche et digeste. Une alimentation industrielle bio sous forme de croquettes est la solution idéale si vous choisissez cet aliment, aucun complément minéral ou vitaminé n'est nécessaire.

Durant la deuxième moitié de gestation, il faut préparer la montée de lait, qui demande également beaucoup d'énergie et de sels minéraux. Des aliments industriels sont spécialement conçus pour couvrir les besoins des chiennes gestantes.

Il convient toujours de faire une transition alimentaire lorsqu'on modifie l'alimentation, pour éviter de déclencher une diarrhée. Il suffit d'introduire le nouvel aliment dans l'ancien régime, en augmentant progressivement la dose et en diminuant celle de l'ancien aliment sur trois ou quatre jours.

La période de mi-gestation est idéale pour pratiquer les rappels de vaccination, s'ils n'ont pas été effectués récemment. En effet, la mère pourra ainsi transmettre à ses chiots, via le premier lait (appelé colostrum), une grande quantité d'anticorps (qui permettent au chiot de se défendre contre les maladies).

Certains vaccins peuvent se faire pendant la gestation, demandez conseil à votre vétérinaire. C'est également la période idéale pour commencer un programme de vermifugation. La mère transmet à ses petits, dans l'utérus puis lors de la lactation, des vers qu'elle possède dans son corps des Ascaris en « attente » dans les muscles de la mère. Il faut donc vermifuger les mères pendant la gestation, ainsi qu'une semaine avant la mise bas, puis une semaine après la mise bas.

Il sera bon également de se débarrasser de tous les parasites externes (puces principalement) de la mère en la traitant une semaine avant la mise bas environ. Il faut utiliser des produits adaptés de qualité. Demandez au vétérinaire.

La chienne pourra, durant la gestation, conserver une activité physique, pourvu qu'on évite les efforts violents et le surmenage en fin de gestation.

Ne donnez jamais de médicaments à votre chienne durant la gestation sans l'avis de votre vétérinaire car de nombreux médicaments peuvent être néfastes pour les fœtus.

Demandez conseil à votre vétérinaire pour la vermifugation de la chienne en gestation et pour l'utilisation de tout autre médicament

Le choix du reproducteur est essentiel. Il doit être LOF.

Si votre chienne est une Husky LOF (c'est-à-dire a un pedigree), vous pourrez produire des chiens de race. Il faudra tout d'abord prendre contact avec le club de race de votre chienne et vous déclarer selon la nouvelle législation depuis janvier 2016.

Un certificat de saillie devra être rempli et signé au moment de l'accouplement par les propriétaires des deux chiens ; il devra être envoyé sous 4 semaines à la Société centrale Canine pour que les chiots puissent être reconnus et avoir un pedigree (certificat de naissance).

Une ou deux semaines avant la mise bas, les mamelles gonflent ; la sécrétion lactée peut commencer dès cette date ou bien n'avoir lieu que la veille de la mise bas. Deux trois jours avant, la chienne est plus calme, a tendance à s'isoler et à manger moins. 12 à 24 heures avant, la température rectale baisse d'environ 1 °C. La musculature pelvienne et abdominale de la chienne se détend. Elle boit mais ne mange pas. 12 à 24 heures avant, la respiration devient plus rapide, la chienne creuse fébrilement, ronge et déchire sa couverture : elle se prépare une couche pour mettre bas.

# À TABLE

Privilégié la qualité de nourriture c'est profiter d'un chien en bonne santé. Vous devez nourrir votre chiot au début 2 fois par jour. Si le repas n'est pas consommé en vingt minutes, retirer la gamelle et refuser le grignotage entre les repas.

Ne tolérez jamais le museau du chien à hauteur de votre assiette (hygiène) ni le vol de nourriture sur la table : sanctionner si on prend le chien sur le fait en lui parlant sur un ton ferme « NON ».

Le Husky manifestera des problèmes récurrents d'embonpoint s'il ne fait pas assez d'exercice. Il est essentiel d'adapter son régime alimentaire à ses habitudes de vie. Je nourris mes chiens en trois quarts en aliments secs Bios, et en un quart en carné (viande crue, os crus et abats). Mais cela est personnel.

La ration du chien doit être distribuée aux mêmes

heures et au même endroit en le faisant manger seul dans un lieu isolé et calme de la maison, et toujours après ses maîtres.

L'eau est très importante, elle doit toujours être disponible. En cas de consommation excessive il faut consulter son vétérinaire.

Il existe principalement trois types d'alimentations, l'alimentation industrielle sèche, l'alimentation industrielle humide et l'alimentation "maison". Je vais vous décrire ces alimentations en exposant leurs avantages et leurs faiblesses.

Sachez toutefois qu'il n'est pas recommandé de changer brutalement la nourriture d'un chien. Il est convenu d'habituer le chien sous une période de 8 jours en mélangeant les deux types d'aliments.

On appelle alimentation industrielle sèche, l'alimentation à base de croquettes. La croquette est une boulette de pâte, à base de céréale, de riz, de viande, de poisson, de légumes et autres additifs. C'est un aliment déshydraté qui demande une consommation d'eau importante. Il existe des croquettes pour tous les types de chiens selon leur morphologie. Au dos du paquet vous trouverez la ration à donner quotidiennement à votre chien. Certains chiens n'apprécient pas les croquettes et refusent de les manger car ils ne les trouvent pas appétissantes. Si votre chien a goûté à un autre type d'aliments, il est possible qu'il délaisse sa gamelle en réclamant sa nourriture favorite. Vous pouvez mélanger les croquettes à de la viande ou les compléter par des aliments industriels humides afin de leur donner meilleur goût.

L'alimentation à base de viande crue BARF signifie en anglais "Biologically Appropriate Raw Food" ce qui veut dire en français "Nourriture crue biologiquement appropriée". Le régime alimentaire BARF est une approche naturelle de l'alimentation du chien. Dans cette optique, le choix des aliments s'appuie sur le respect de la physiologie propre à l'animal. Le chien étant un carnivore, il convient de lui proposer une alimentation de carnivore, à base majoritairement de viande, d'os crus et d'abats. Ce type d'alimentation s'appuie notamment sur l'idée que les choix alimentaires des animaux sauvages sont guidés par leurs besoins biologiques. Dans la nature, les animaux choisissent instinctivement le régime le mieux adapté à leur métabolisme, choix que les animaux domestiques carnivores n'ont plus la possibilité de faire, tout simplement parce que c'est l'être humain qui subvient à leurs besoins quotidiens.

On appelle alimentation industrielle humide, la nourriture fournie dans les "boîtes" achetées dans les grandes surfaces. Les boîtes doivent être maintenues au froid sous peine d'intoxication alimentaire Le prix de revient des boites est deux fois plus élevé que les croquettes

On appelle alimentation "maison", l'alimentation réalisée par vos soins. Il est indispensable de fournir au chien des aliments frais et de qualité. En dépit de l'amour des maîtres porté à leur bête, bien fréquemment la nourriture préparée est carencée en minéraux et vitamines. À l'inverse des croquettes et des boîtes, la quantité fournie est un réel problème car souvent le propriétaire verse une quantité approximative changeante d'un jour à l'autre ce qui est source d'obésité. Les animaux comme les hommes ont besoin d'une alimentation équilibrée et saine afin d'être en bonne santé. Contrairement à ce qu'il est fréquemment pensé, ce type d'alimentation est plus coûteux que l'alimentation industrielle et nécessite une attention particulière.

Pourquoi certains Husky se montrent-ils si difficiles, boudant la nourriture que leur maître leur présente alors que d'autres avalent tout d'un simple coup de langue ? Tout comme chez les humains, nous trouvons de gros et de petits mangeurs chez nos compagnons à quatre pattes. Il semble que l'attrait face à la nourriture soit sous influence génétique. On sait également qu'au moment du sevrage et jusqu'à la fin du troisième mois, il existe une phase sensible au cours de laquelle les chiots subissent toutes sortes d'influences et apprennent notamment à sélectionner dans leur environnement ce qui est comestible.

Un tel conditionnement évite à l'animal d'ingérer des choses qui pourraient lui être nuisibles. Ce phénomène peut expliquer qu'un chien refuse une nourriture qu'il n'a pas eu le loisir de goûter dans son jeune âge

Devant un refus soudain et prolongé de nourriture je ne parle pas de comportement passager, une visite chez le vétérinaire s'impose. Si aucune maladie n'est détectée, il faut chercher une autre cause. Le Husky est un être sensible. Un changement de milieu, la perte d'un compagnon humain ou animal peuvent l'inciter à jeûner quelques jours. Je vous conseille d'accepter cette diète et ne pas paniquer. Si cela dure alors, le vétérinaire sera de nouveau consulté, et il faudra insister auprès de lui.

Certains Husky mangent des choses non comestibles comme de la terre, des pierres, du bois, du plastique, de poteries, voir des chaussettes, etc.., on a également retrouvé de tels objets dans les estomacs des loups italiens du début du XXe siècle. Ce comportement, appelé Pica, semble être influencé par la génétique puisqu'on le retrouve plus spécifiquement dans certaines lignées que dans d'autres. Il n'y a pas de déficit nutritionnel chez ces sujets. Le Husky peut agir ainsi pour diverses raisons : par ennui, car il vit mal un changement, car il est en deuil. Mais souvent aussi pour attirer l'attention de ses maîtres.

Si votre Husky ingère des crottes, celles d'autres chiens ou celles d'autres espèces animales, c'est parce que, pour lui, elles sont appétissantes ; c'est notamment le cas si elles contiennent de la nourriture non correctement digérée. Dire seulement « NON » fermement.

Concernant l'ingestion de ses propres crottes, malheureusement il peut s'agir d'un Husky ayant été sévèrement puni pour les avoir faites dans un lieu inapproprié. Et quelqu'un a oublié la règle de base du chapitre éducation sur le sujet « faite comme si de rien n'était ».

Comment leur faire passer de si vilaines habitudes ? Saupoudrer ce qu'il a l'habitude d'ingérer d'une substance forte (par exemple du paprika). Détourner son attention en faisant du bruit, et surtout récompenser s'il laisse.

Mais, si votre Husky ronge des bouts de bois et ingère ainsi des fibres pas forcément très digestes, çà ne mérite même pas d'y faire attention !

En ce qui concerne l'obésité, diverses enquêtes approfondies montrent que dans un grand nombre de cas, elle va de pair avec de mauvaises habitudes alimentaires et de la nourriture de mauvaise qualité.

Le Husky obèse ne doit pas être anthropomorphisé : pas de sentiments humains. On diminue les quantités, on passe en croquettes pour chien obèse, on fait plus de sport.

Le plaisir de manger, est lié à une perception subjective et personnelle des saveurs des aliments. Le goût a pour siège les papilles gustatives, petites saillies se trouvant dans la région postérieure de la langue et contenant des cellules sensorielles. Ces dernières réagissent à différentes substances chimiques et transmettent les informations reçues à des neurones reliés à l'encéphale. Les papilles gustatives se trouvent en moins grand nombre chez les chiens que chez les humains De ce fait, nos Husky sont nettement moins gourmets que nous.

L'odorat est associé si étroitement au goût qu'il est difficile de savoir lequel des deux primes quand il s'agit de préférence alimentaire, une bonne odeur de cuisson nous donne déjà faim ! En ce qui concerne, nos Huskys préférés la différenciation est d'autant plus difficile à faire que ceux-ci ont une sensibilité olfactive nettement plus fine que nous (vis-à-vis des chiens, nous sommes, pauvres humains, des handicapés de l'odorat).

Différentes recherches ont néanmoins permis d'en savoir un peu plus : si pour les chiens l'odorat semble primordial pour la détection de la nourriture, l'odeur dégagée n'est pas le seul critère de choix, la texture et le goût de cette dernière y jouent également un rôle non négligeable.

FIN

Le code de la propriété intellectuelle n'autorisant, aux termes de l'article L. 122 — 5, 2 ° et 3 ° a, d'une part, que les « copies ou reproductions strictement réservées à l'usage privé du copiste et non destinées à son utilisation collective » et, d'autre part, que les analyses et les courtes citations dans un but d'exemple et d'illustration, « toute représentation ou reproduction intégrale ou partielle faite sans le consentement de l'auteur ou des ayants droit ou ayant cause est illicite » (art. L. 122-4). Cette représentation ou reproduction, par quelque procédé que ce soit, constituerait donc une contrefaçon sanctionnée par les articles L. 335-2 et suivant du Code de la propriété intellectuelle.

Le droit d'auteur français est le droit des créateurs. Le principe de la protection du droit d'auteur est posé par l'article L. 111-1 du code de la propriété intellectuelle (CPI) qui dispose que « l'auteur d'une œuvre de l'esprit jouit sur cette œuvre, du seul fait de sa création, d'un droit de propriété incorporelle exclusif et opposable à tous. Ce droit comporte des attributs d'ordre intellectuel et moral ainsi que des attributs d'ordre patrimonial ».

Manufactured by Amazon.ca
Bolton, ON

17952147R00044